LA REVUE SOCIALE

ORGANE BI-MENSUEL

de la Fédération des Travailleurs Socialistes de l'Est

Paraissànt à DIJON

ABONNEMENT : Un an, **2** fr. ; 6 mois, **1** fr. ; 3 mois, **50** cent.

Le Numéro: **10** centimes

Adresser toutes communications au citoyen Charlot, délégué, 66, rue de Faubourg-Raines, ou au siège social de la Fédération des Travailleur Socialistes de l'Est, rue de la Mégisserie, 29, Dijon.

EN VENTE AU MÊME LOCAL

LE DROIT AU TRAVAI

Etude sur la Journée de 8 heures

PAR

A. MARPAUX
Typographe

Brochure de 32 pages, éditée par le *Groupe Socialiste dijonnai*
Prix de la 2e édition: **10** centimes.

UN FIEF CAPITALISTE

I

LE CREUSOT

Si les délégués aux Congrès ouvriers tenus en ces derniers temps n'ont pas toujours été du même avis sur le remède à apporter au malaise social actuel, ils ont, du moins, été unanimes à reconnaître que la cause en était dans l'extension toujours plus croissante du machinisme et sa conséquence naturelle, la concentration des capitaux dans les mains des grandes Compagnies représentées par quelques personnalités, remplaçant, avec aggravation pour l'ouvrier, les seigneurs d'avant 1789.

La concentration capitaliste amène la concentration ouvrière et les ateliers modernes se transforment insensiblement en de véritables casernes.

Le Creusot étant un modèle des mieux réussis en ce genre de bagnes industriels, où les ouvriers sont enrégimentés, logés, numérotés et surtout surveillés, non seulement dans leurs fonctions de producteurs, mais encore dans leur vie privée, intime, nous croirions manquer à notre devoir de socialiste si, dans un moment où la question sociale passionne tout le monde, nous ne venions pas dévoiler au public l'organisation tyrannique de cette grande Compagnie. Nous prouverons par là que nous n'allons pas en guerre contre des moulins à vent, comme le prétend un radical parisien, mais que nous combattons des abus réels dont l'existence prend, chaque jour plus, le caractère d'un véritable danger public.

Le mouvement socialiste est relativement lent chez les travailleurs du Creusot, étant donné le régime de compression sous lequel ils vivent, et nous ajouterons grâce aussi aux nombreux moyens de corruption dont dispose la Compagnie.

Le Creusot est un Etat dans l'Etat ; il dispose lui aussi d'une foule d'emplois pour tous les appétits et pour toutes les aptitudes, depuis celui de l'ingénieur émérite jusqu'à celui de vil mouchard. Il va de soi que dans les bureaux de la Compagnie, comme dans les antichambres ministérielles, on voit se produire des compétitions et des sollicitations où la dignité de l'homme est le dernier souci des solliciteurs. Là aussi comme au gouvernement, on récompense les lâchetés et les trahisons.

Cette administration capitaliste a le champ d'autant plus large pour exciter les gens à la bassesse et la courtisannerie qu'elle est en même temps administration municipale et qu'à tous les emplois particuliers dont elle dispose pour son exploitation industrielle, il faut encore ajouter les emplois communaux, ce qui lui permet de donner à de vieux employés et surtout à de vieux gardes, hors service, des emplois aux bureaux d'octroi ou ailleurs et par conséquent faire payer aux contribuables les services rendus à l'usine par ces peu intéressants personnages.

Cette administration ne recule devant aucun moyen pour assurer sa domination et tous les détails en sont réglés avec une intelligence digne d'une meilleure cause. Ainsi, on n'occupe au Creusot que peu ou point d'ouvriers de passage ; il n'est fait exception qu'en faveur des Italiens qui sont au nombre de plus de mille. En n'occupant que les membres des familles établies au Creusot, la domination est beaucoup plus sûre, car un ouvrier en difficultés avec les patrons a autant à craindre pour les siens que pour lui, vu qu'il n'est pas rare que toute une famille soit renvoyée des ateliers, parce qu'un fils ou un frère a voulu secouer le joug. Celui qui veut faire acte d'énergie n'a pas seulement à craindre pour ses proches parents, on a vu s'exercer des vengeances jusque sur des beaux-frères, voire même sur des cousins.

Grâce à l'ignorance et à la peur de la masse ouvrière au Creusot, grâce surtout à un système de votation qui mérite les honneurs du brevet, l'administration des usines est, comme il est dit plus haut, en même temps l'administration municipale, elle dirige aussi les écoles au mieux de ses intérêts. C'est ainsi que prières, catéchisme, histoire sainte, messe, confession, communion, tout ce qui enfin peut abrutir la jeunesse, fait partie intégrante du programme des écoles, et nul n'est admis en apprentissage s'il n'a fait sa première communion.

Depuis la nouvelle loi sur l'enseignement primaire l'étude de l'histoire sainte est supprimée et les aumôniers ne vont plus, comme ils le faisaient, interrompre les cours, mais les prêtres vont chaque jour attendre les enfants dans la cour des écoles, les font mettre sur deux rangs et les emmènent à confesse comme devant, au grand mécontentement des pères de famille, qui ne soufflent mot dans la crainte d'être renvoyés.

Voilà comment on façonne à l'obéissance passive deux mille cinq cents élèves que la situation de leurs parents destine à être, à leur tour, les esclaves de Schneider et Cie.

Ce n'est pas tout encore, la riche Compagnie des usines du Creusot ayant acheté, à six kilomètres de cette ville, les mines de Montchanin, elle s'est empressée, aussitôt propriétaire, d'établir en cette localité des écoles gratuites dirigées par des ignorantins, pour faire pièce aux écoles laïques du pays. A Montcenis, autre petite ville près du Creusot, la municipalité républicaine ayant laïcisé les écoles, vite la Compagnie des usines s'est coalisée avec un comte du pays pour établir là aussi une école gratuite d'ignorantins, sous prétexte de venir en aide à quelques ouvriers du Creusot qui habitent cette commune. Et dire que bon nombre d'ouvriers sont encore à comprendre le but de cette gratuité qui, en somme, leur coûte très cher, puisque c'est avec le fruit de leur travail que certains fainéants en engraissent d'autres.

On s'est souvent demandé, au Creusot, pourquoi l'administration des usines, dont tous les actes ont un cachet clérical, n'avait jamais tenté de remplacer les instituteurs laïques par ces bons frères dont elle gratifie si généreusement les autres pays. Le motif en est bien simple. Tous les élèves des écoles étant destinés à l'usine, les ignorantins seraient incapables de leur donner les notions mathématiques et de dessin mécanique surtout dont ils ont besoin pour faire de bons producteurs, tant dans les ateliers que dans les bureaux, l'administration recrutant dans les écoles du pays presque tout son personnel de comptables et de dessinateurs. Ce personnel, qui ne compte pas moins de huit cents sujets, est une sorte de garde prétorienne que l'on envoie aux abords des salles de scrutin les jours de vote, pour faire la leçon aux électeurs et signaler ceux qui seraient soupçonnés de ne pas se conformer aux ordres reçus. Le plus grand nombre font ce métier sans aucun scrupule, et cela avec d'autant plus de facilité qu'étant du pays, ils connaissent à peu près tout le monde.

Les employés, tous mieux payés que les producteurs manuels, reçoivent encore en plus de leurs appointements, diverses allocations supplémentaires pour logement ou chauffage, de sorte que les nombreux privilèges dont ils jouissent en font une espèce de caste privilégiée au milieu du reste de la population, aussi les emplois sont-ils très recherchés, et il n'est pas rare de voir des pères de famille ne reculer devant aucune bassesse pour pousser leurs fils dans un bureau plutôt qu'à l'enclume ou à l'étau.

Il est recommandé aux employés d'éviter les relations avec leurs anciens camarades d'école devenus ouvriers, de même qu'à ces derniers on fait sentir qu'il ne plairait point au seigneur et maître qu'ils prissent les marchandises dont ils ont besoin chez tel ou tel marchand mal noté en haut lieu. Il est juste de dire que ces ordres viennent moins d'en haut que de certains employés subalternes désireux de faire du zèle. Nous constatons toutefois que si cela n'est pas recommandé, c'est encore moins défendu.

La plupart des commerçants et ouvriers établis en ville n'osent, pas plus que les ouvriers de l'usine, professer d'autres opinions politiques que celles de M. Schneider : bouchers, boulangers, épiciers, aspirant à l'envi, à l'honneur d'être fournisseurs du suzerain, ou tout au moins de ses vassaux, et menuisiers, charpentiers, serruriers, etc., ayant par ci par là quelques petits travaux à faire pour l'usine ou pour la municipalité qui en est une succursale, craindraient de perdre cette maigre pâture en ne supportant pas le joug comme les autres.

Outre cela, ce monde de commmerçants et de petits industriels tient encore à rester dans les bonnes grâces des gros bonnets, pour ce motif que tous les effets de commerce sont encaissés par la Compagnie du Creusot, qui peut, le cas échéant, accorder quelques jours de répit pour le paiement d'un effet à ceux qui ne sont pas les ennemis de la *Maison*, pour me servir de leur propre expression. D'autre part, l'administration des usines délivre *à qui elle veut*, des chèques sur Paris, pour des sommes assez rondes, moyennant une redevance de 20 centimes par chèque.

On est en droit de se demander s'il n'y a pas là une injustice qu'une Compagnie déjà archi-millionnaire, puisse, avec des frais si peu élevés, déplacer des capitaux considérables, alors que le simple particulier qui veut envoyer quelques centaines de francs doit dépenser bien davantage.

Ce système, en même temps qu'il est un moyen de domination, permet de plus à l'usine de se munir d'une partie du capital nécessaire à la paye mensuelle, c'est toujours autant de moins à faire venir de la banque.

Cette paye mensuelle est de un million par mois en moyenne, et comme les ouvriers laissent toujours un mois de leur salaire aux mains de l'administration, cela fait, à 5 0/0 l'an, d'après la théorie des économistes bourgeois sur l'intérêt de l'argent, une somme de cinquante mille francs qui est extorquée aux ouvriers, et, à intérêts composés, un million en 14 ans. Cependant vous verrez que quand ce capital rentrera à la collectivité ouvrière qui l'a produit, soit en espèces, soit en outillage, messieurs les actionnaires crieront encore au voleur!

Ajoutons à tous ces moyens de domination, qu'un grand nombre d'ouvriers et de commerçants sont locataires de la Compagnie, et qu'en cas de départ, il faut vider le local en même temps que l'atelier, mais c'est là le moindre des inconvénients, une fois le départ résolu.

Voici la mesure la plus vexatoire : Un employé spécial est chargé de la visite des locaux aux jours et heures qu'il lui plaît, aussi les ouvriers qui lisent un journal républicain sont-ils obligés de choisir leur temps pour faire leur lecture, et le journal doit être soigneusement caché une fois lu. Il ne faut pas non plus se hasarder à coller un buste de la République contre un mur, autrement gare les mauvaises notes.

Nous pourrions maintenant citer d'innombrables faits d'intolérance qui sont le résultat inévitable d'une pareille concentration des moyens de domination, nous n'en citerons que quelques-uns des plus caractéristiques, dénotant l'étroite alliance du capital et du clergé.

Si les ouvriers du Creusot ne peuvent manifester leurs opinions politiques sans crainte de perdre leur travail, il en est de même au point de vue religieux, les prêtres ayant autant de pouvoir aux ateliers que les chefs de service; aussi a-t-on vu des jeunes gens renvoyés de l'usine sur la plainte d'un tonsuré, pour avoir chanté des chansons anticléricales.

Voilà pour la situation extérieure, voilà pour la domination capitaliste dans les choses de la vie privée où elle n'a absolument rien à voir. Nous allons passer maintenant à une question où elle est plus intéressée, la question des salaires.

II

TRAVAIL ET SALAIRE

Les mineurs font dix heures de travail effectif, mais en comptant l'allée et venue, ils sont environ quatorze heures sur pieds, pour une journée moyenne de 4 fr. pour les mineurs proprement dits et de 3 fr. pour les manœuvres.

La journée était autrefois de huit heures et il y a une vingtaine d'années que les ouvriers acceptèrent de faire dix heures parce que l'on fit miroiter à leurs yeux une augmentation équivalente qui eut lieu en effet, mais par suite de diminutions répétées, le prix de la journée de dix heures a été ramené insensiblement à l'ancien taux, de sorte qu'aujourd'hui le salaire mensuel est souvent inférieur à celui d'autrefois, avec soixante heures de travail en plus ou sept journées et demie. Voilà le progrès.

Les grèves de mineurs sont plus fréquentes, leurs souffrances étant presque légendaires. Tout le monde connaît les dangers auxquels ils sont exposés : le grisou, les invasions d'eau, les éboulements, les ruptures de câble, etc. Nous serons donc bref en ce qui concerne les mineurs qui extraient la houille; mais nous ne saurions passer sous silence les souffrances endurées aussi par une autre catégorie de mineurs dont le public ignore pour ainsi dire l'existence : nous voulons parler de ceux qui extraient le minerai de fer.

La Compagnie des forges et houillères du Creusot est concessionnaire de plusieurs mines de fer, entre autres celle de Mazenay (Saône-et-Loire). Voici comment s'exécute ce travail :

Les galeries ont de 7 à 8 mètres de large *sur 50 à 60 centimètres de haut*, selon l'épaisseur de la veine. Quelques-unes, n'ont même que 48 centimètres. Deux mineurs, côte à côte dans cet enfer, travaillent couchés chacun sur un côté opposé, de façon à ne point se gêner mutuellement. On s'imagine facilement qu'une pareille situation pendant dix heures par jour, souvent douze, est un véritable supplice pour les hommes obligés de faire ce travail, surtout lorsqu'il y a, comme c'est souvent le cas, 2 ou 3 centimètres d'eau. Ce travail est d'autant plus meurtrier qu'en raison de l'humidité qui règne dans la galerie, les ouvriers ne peuvent se reposer quelques minutes sans ressentir des frissons, il faut alors recommencer de frapper plus fort pour s'échauffer; et ces hommes gagnent en moyenne 100 fr. par mois comme mineurs, et les déblayeurs 70 fr. Ces derniers sont aussi obligés de se mouvoir dans toutes les positions pour charger leurs petits wagonnets.

Après la mine vient, dans l'ordre de fabrication, le service des hauts-fourneaux, où s'opère la fusion des minerais de fer.

Il y a vingt-cinq à trente ans, les hommes employés à ce travail étaient, comme aujourd'hui, payés tant par tonne, et ils gagnaient de 8 à 10 fr. par jour en produisant de 12 à 15,000 kilogr. de fonte en vingt-quatre heures ; aujourd'hui, par suite de la perfection de l'outillage, le même personnel produit de 70 à 80,000 kilogr. dans le même temps et, avec ce surcroît de production, le premier fondeur gagne maintenant 5 fr. ou 5 fr.50 au maximum, et ses aides, 4 fr. ou 4 fr. 50. On objectera que le prix des fontes a diminué depuis une quinzaine d'années. Cela est possible; mais ce qu'il y a de certain, c'est que cette diminution est loin d'être proportionnelle à celle des salaires : le bénéfice est donc tout pour le capitaliste, et pourtant les travailleurs ont apporté leur large part de travail et d'intelligence à l'amélioration de l'outillage ; c'est à eux que s'adressent les ingénieurs pour savoir si telle ou telle modification a donné de bons résultats. L'ouvrier est donc, en définitive, le collaborateur constant de l'ingénieur, et ce dernier seul est récompensé des innovations qui sont généralement des causes de chômage et de diminution de salaire, voire même d'aggravation de peine, comme dans le cas présent, où il faut faire quatre coulées par jour et quelquefois cinq, au lieu de deux que l'on faisait autrefois.

Viennent ensuite les grosses forges, comprenant les fours à puddler, fours à réchauffer, marteaux-pilons, laminoirs et tout ce qui constitue la fabrication du fer. Le métier de puddleur, qui consiste à transformer en fer la fonte en fusion, en la remuant constamment dans le four, demande chez celui qui l'exerce une constitution des plus robustes et une santé de fer qui ne peut être entretenue qu'avec de grands frais de nourriture.

Voici dans quelles conditions ces hommes travaillent :

Il y a vingt-cinq ou trente ans, alors que les vivres et le vin notamment étaient à bon marché, la journée normale d'un premier puddleur était de 9 francs, quelquefois 10, il n'était pas rare de voir un puddleur gagner mensuellement 240 ou 250 francs. Mais, de diminution en diminution, la journée est descendue à 5 fr. 50 ou 6 fr. 50 au maximum pour le puddleur, et 3 fr. 50 ou 4 francs pour ses deux aides ; et, ce qu'il y a de terrible, c'est qu'à mesure que le salaire a baissé et qu'il a été, par conséquent, plus difficile de se bien nourrir, la peine a augmenté comme on va le voir par les chiffres suivants :

Lorsque les puddleurs gagnaient 10 francs par jour, ils faisaient huit charges de 170 à 180 kilogr. l'une, et aujourd'hui, par suite de la rapidité du chauffrage, ils doivent faire 11 et 12 charges, quelquefois 13. le samedi soir, avec 30 kilos de plus par charge, soit, en tenant compte du déchet, une production de 300 kilos de fer de plus *par jour et par four* qu'il y a vingt ans, et cela pour gagner beaucoup moins. Cette surproduction a pour résultat de faire aujourd'hui, avec 62 fours à puddler, autant de fer qu'autrefois avec 98 fours, soit 36 fours en moins. Ce qui fait cent hommes sur le pavé pour le puddlage seulement, sans compter les services accessoires dont le personnel est forcément diminué; ajoutons que cette surproduction a augmenté d'autant le travail des cingleurs au marteau-pilon et des lamineurs chargés de corroyer le fer en dernier lieu, sans augmentation de salaire pour personne, — au contraire.

Ainsi, voilà des chiffres constatés dans des rapports officiels de la Compagnie du Creusot. Et dire que malgré des faits aussi indiscutables, il nous a été donné de lire dans quelques journaux, une lettre du député Duclaud, de la Charente, dans laquelle ce monsieur disait à un groupe de ses électeurs qu'il ne pouvait pas croire que le perfectionnement de notre outillage *national* (?) soit une cause de chômage pour l'ouvrier.

Revenons à nos puddleurs.

Cette journée de 6 fr. 50 dont nous venons de parler est encore soumise à certaines variations plus ou moins malhonnêtes, et ces hommes doivent rester 10 à 12 heures, le ringard à la main, devant ce four qui leur brûle le visage, pour gagner quelquefois 4 francs, car si le travailleur use ses forces et risque sa vie, le capitaliste, lui, ne veut rien risquer.

Le puddleur reçoit une moyenne de 2,680 kilos de fonte brute, qu'il doit rendre en 44 barres de fer pesant 2,332 kilos, soit une tolérance de 348 kilos de déchet, et autant il rend de kilos en moins, autant de centimes on lui retient sur sa journée. Il a encore avec cela deux autres cas de perte. Lorsque la boule de fonte est sous le marteau-pilon, si l'ouvrier qui la travaille y découvre un défaut de fusion, il la renvoie au puddleur qui doit la réchauffer à ses frais, heureux encore, quand il y a baisse de travail, si le contremaître ne profite pas de la circonstance pour le mettre à pied ou à l'amende. Enfin, dernier cas de perte (nous pourrions dire : autre moyen pour la Compagnie de voler honnêtement), le fer est classé en deux catégories dont l'une, désignée 1er choix, est payée 3 fr. 90 les 1,000 kilos, et l'autre, 2e choix, payée 2 fr. seulement.

Ce classement est fait par des hommes sachant quelquefois à peine lire et écrire, et n'ayant par conséquent aucune connaissance spéciale ; aussi les mêmes fers, considérés par l'un comme deuxième choix, sont quelquefois considérés par l'autre comme de premier. Mais ils ont toujours soin d'arranger les choses de façon qu'un quart des barres *au moins* soient de 2e choix, fussent-elles toutes de première qualité. C'est la consigne de celui qui fait le classement.

Ce minimum de 2e choix s'élève donc à environ 1,000 kilos par jour, soit 1 fr. 90 de diminution, dont l'ouvrier est volé chaque jour, même avec le prix que lui établissent ses maîtres. On nous objectera qu'il n'y a pas vol, qu'il y a réellement deux qualités de fer. A ceci nous répondrons que puisque jamais, de mémoire d'homme, on n'a vu classer toutes les barres d'un puddleur en premier choix, c'est reconnaître implicitement que la chose n'est pas possible, et qu'il y a là des difficultés inhérentes au travail lui-même et, par conséquent, injustement imputées aux ouvriers.

Lorsque, pour une cause quelconque, la fusion ne s'opère pas bien, il arrive quelquefois que les puddleurs, dans la crainte de payer du déchet, jettent clandestinement dans leur four quelques morceaux de fonte en plus du poids réglementaire qu'ils ont reçu; cette infraction aux règlements est punie d'une amende de *cinquante francs*. Il fut un temps où, conformément à l'usage établi sur tout le territoire français, le délinquant ne payait pas d'amende en prenant son compte; mais aujourd'hui, que l'ouvrier parte ou qu'il reste, la retenue de 50 francs lui est faite, et nul n'ose attaquer la Compagnie en restitution par voie judiciaire, par cette raison bien simple qu'un ouvrier n'a pas d'argent de trop à jeter dans la sacoche des magistrats.

Voilà une monstruosité entre toutes que nous signalons à messieurs nos législateurs.

Tous ces faits se renouvellent aux laminoirs où se font les fers ouvrables et les rails, mais avec aggravation : les barres, au lieu d'être classées en 1ᵉʳ et 2ᵉ choix, sont simplement acceptées ou refusées, et, dans ce dernier cas, non payées aux malheureux qui ont exposé leur vie en les chauffant ou en les laminant. Ces refus ont lieu pour le moindre défaut de soudure que porte le fer, ce défaut n'eût-il qu'un centimètre de long et fût-il à l'extrémité de la barre, qui ne mesure pas moins de 8 mètres.

Un honnête homme pourrait croire que ce fer non payé est impropre à tout service et tout au plus bon à jeter à la ferraille; mais il n'en est rien.

S'il s'agit de fer marchand, il n'est pas livré en bottes dans les grandes commandes (et encore cela n'est pas prouvé), mais il est bel et bien vendu pour le détail aux petits industriels et employé par l'usine pour la forge de ses pièces mécaniques. Même procédé de soustraction et d'emploi pour les tôles. Les receveurs sont surtout d'une grande exigence pour les rails qui, refusés en grand nombre, servent à la Compagnie du Creusot pour l'entretien des voies ferrées de l'usine qui ont une étendue de 350 kilomètres.

Ce vol de fer aux ouvriers ne s'élève pas à moins de 10,000 tonnes par an, sur une production de 150,000 tonnes. Nous voudrions nous contenter de signaler ces faits au public, en lui laissant le soin de faire lui-même les commentaires; mais nous ne pouvons résister à la tentation de dire en passant à la bourgeoisie possédante et gouvernante qu'il lui faut une forte dose de duplicité pour venir recommander sur tous les tons et par tous les moyens aux travailleurs des champs et des villes de respecter la propriété bourgeoise. Est-ce que, même avec votre système du salariat, les ouvriers qui ont travaillé ces 10 millions de kilos de fer n'ont pas droit à une rétribution?

III

COMPLICITÉ GOUVERNEMENTALE
ET SUITE DES ABUS

Que font en cette circonstance vos commissaires, vos gendarmes et vos juges, vos juges surtout, dont l'intégrité est si vantée? Sans doute ils conservent leurs foudres pour meilleure occasion.

Que messieurs du parquet viennent donc au Creusot constater le corps du délit, qu'ils laissent donc pour quelques heures seulement leurs moelleux fauteuils, pour venir s'installer devant les fours et les laminoirs! Et quand ils auront vu ces hommes, obligés de travailler le visage recouvert de toile métallique, aller et venir, toute une journée, devant les laminoirs sous une véritable pluie de feu, obligés de se prêter de tout le corps aux ondulations du fer qui, semblable à un énorme serpent, se plie et se redresse sous l'action des cylindres, quand ils auront vu, comme cela n'arrive que trop souvent, quelque malheureux dont le crochet de fer qui soutient la barre aura été engagé entre les deux cylindres, recevoir ce crochet en pleine poitrine et tomber inanimé sur le sol, quand ils auront vu tout cela, peut-être poursuivront-ils en restitution de salaire l'administration des usines du Creusot?

Mais non! ils n'en feraient rien! Pour la bourgeoisie prise en masse, le travailleur est toujours taillable et corvéable à merci; ceux qui ne frappent pas laissent faire, les condamnations qui suivent toujours les grèves nous le prouvent surabondamment.

Mais autant la magistrature bourgeoise est indulgente pour ceux des siens qui respectent si peu la propriété ouvrière connue sous le nom de salaire, autant, — tout le monde le sait, — elle est rigide quand le délinquant est un ouvrier. Voici, en regard du vol dont nous venons de parler, un fait qui dépasse en arbitraire et en partialité tout ce que nos lecteurs peuvent déjà connaître :

Pendant l'hiver de 1880-1881, un vieux mineur du Creusot, dont la femme s'était cassé une jambe en tombant, n'ayant plus de combustible pour faire du feu et craignant les résultats du froid pour la malade, ne put résister à la tentation bien naturelle de prendre sur le puits le soir, après sa journée, un morceau du charbon qu'il avait arrosé de ses sueurs pendant dix longues heures, et le cacha sous sa blouse, mais un garde l'avait vu ; dénoncé et arrêté, il fut renvoyé du travail et condamné à trois mois de prison, lui, mineur sans feu, pour avoir emporté de la mine, où il descendait depuis trente-deux ans, un morceau de charbon pesant deux kilos (1).

Et des hommes qui ont la prétention d'être les défenseurs des intérêts ouvriers, viennent nous dire que nous sommes des impatients quand, bouillants d'indignation devant de pareilles infamies, nous demandons des réformes à grands cris, et l'on nous dit d'attendre encore quand un des bonzes de l'opportunisme dit qu'il n'y a pas de question sociale, et

---

(1) A cette monstrueuse condamnation, nous ajouterons celle de deux petites filles et d'un petit garçon, âgés tous trois de moins de quatorze ans, condamnés aux maisons de corrections jusqu'à leur majorité, en janvier 1882, par le tribunal d'Autun, pour avoir ramassé sur les remblais de l'usine, dix à douze kilos de débris de fonte qu'ils vendirent à un chiffonnier, et cela à la requête de cette même administration du Creusot. Dix kilos, c'est volé ; dix mille tonnes, c'est refusé. O justice!

que la bourgeoisie républicaine nous berne depuis vingt ans. Et dire qu'un grand nombre de travailleurs se traînent encore à la remorque de tous les charlatans politiques qni, pour leur faire oublier la question sociale, les amusent avec des expulsions de jésuites qui n'ont jamais lieu, ou avec des discussions sur le Concordat; ce serait à désespérer de l'avenir si le vieil édifice social, basé sur l'intrigue et le vol, n'était déjà lézardé de toutes parts, et prêt à tomber sous le premier effort énergique.

Lorsque les capitalistes nous entendent dire que l'ouvrier ne jouit pas du produit intégral de son travail, leur argument favori, pour chercher à justifier leurs prélèvements arbitraires, consiste à dire que la réparation et l'entretien de l'outillage étant à leurs frais, il est juste qu'ils prélèvent un tantième du produit du travailleur pour se couvrir des dépenses de réparation. Eh bien! aux forges du Creusot, les réparations sont à la charge des travailleurs, chaque dimanche, les puddleurs et les chauffeurs viennent eux-mêmes réparer leurs fours, les lamineurs viennent nettoyer et changer les cylindres usés, ce travail dure ordinairement de six heures du matin à onze heures, sans rétribution aucune; aux laminoirs à tôle, on va encore plus loin, toutes les fois qu'un cylindre se casse, on retient 5 fr. au chef lamineur.

Lorsqu'il passe par la tête d'un chef de fabrication ou d'un contremaître d'apporter une innovation dans la disposition des cylindres pour le laminage des rails ou d'un fer quelconque, l'expérience se fait aux frais des ouvriers. Si le fer n'a pas de suite la forme cherchée, on recommence l'opération, on abaisse ou on élève les cylindres, on passe cinq, six, huit barres et même plus, mais l'ouvrier n'est payé que lorsque l'innovation a réussi; ces expériences, toujours pleines de dangers et de difficultés, durent trois ou quatre heures, pendant lesquelles chauffeurs et lamineurs se brûlent la figure pour rien.

Aux ateliers de constructions mécaniques, presque tout le monde travaille aux pièces, sur un tarif établi par l'usine, et les ouvriers ne sont jamais admis à débattre le prix avec leurs chefs. Quel que soit le bénéfice réalisé au prix d'efforts extraordinaires, il n'est payé que jusqu'à concurrence de 20 0/0; si, au contraire, l'ouvrier n'arrive pas à parfaire sa journée, on lui retient la moins-value jusqu'à 30 0/0 et plus, toute la faveur accordée en pareil cas consiste à retenir la perte sur deux ou trois mois au lieu de la retenir sur un seul. Lorsqu'un tourneur ou un raboteur, après avoir travaillé deux ou trois jours sur une pièce de fonte y découvre un petit trou qu'en termes de métier on appelle une soufflure, si ce défaut nuit au fonctionnement de la pièce, l'ouvrier ne reçoit que sa journée fixe, quel que soit le bénéfice qu'il ait fait jusqu'au moment où le défaut a été mis à jour, quant au mouleur qui a coulé la pièce, il en perd également le bénéfice.

Nous n'en finirions pas si nous voulions citer tous les abus de ce genre dans chaque chantier.

En surplus des règlements spéciaux de chaque chantier, il y a le règlement d'ensemble édictant les pénalités générales qui sont principalement l'amende et la mise à pied infligées, bien entendu, au mieux des intérêts de la Compagnie, surtout aux grosses forges, où l'on procède de la manière suivante :

L'hiver, alors qu'il y a abondance de bras, on emploie la mise à pied et l'ouvrier est obligé de rester chez lui sans pouvoir utiliser son temps, l'été au moment où les travaux de la campagne enlèvent bon nombre d'ouvriers et que ceux qui restent perdent beaucoup de temps par suite de la température insupportable qui règne devant les fours, on emploie l'amende et il est de rigueur qu'en toute saison on répond au moindre mot de protestation des ouvriers par la formule sacramentelle : « Si vous n'êtes pas content prenez la porte. » Et certes, il en est peu qui soient dans une situation à prendre au mot celui qui les menace, d'abord pour ce motif que tout acte de velléité peut nuire à toute la famille et ensuite parce que bon nombre d'ouvriers ont le malheur d'être propriétaires.

L'administration de l'usine leur vend du terrain et leur fait au besoin bâtir des maisons avec facilité de payer au moyen de retenues mensuelles faites sur le salaire. Une fois le marché conclu, ces malheureux s'exténuent chaque jour à piocher, fumer et embellir le légendaire jardinet attenant à la maisonnette ; quand ils ont travaillé là un an ou deux, ils sont forcés de subir tous les caprices, toutes les insultes de leurs chefs et au besoin la diminution de leur salaire, car n'ayant pas d'argent pour achever le paiement de leur dette, ils sont mis dans cette alternative: ou laisser à la Compagnie, pour le prix d'achat, ce lopin de terre qu'ils ont arrosé de leurs sueurs, ou courber la tête sous toutes les vexations. C'est ainsi qu'en tombant dans le piège capitaliste, de pauvres locataires deviennent de misérables propriétaires.

Il y a, de plus, cette particularité qu'aux usines du Creusot, nul ouvrier n'est embauché passé 35 ans. En faisant ainsi disparaître toute chance de retour à ceux qui ont au pays leur famille et leur maison, on obtient une bien plus grande somme de soumission.

Et ceux qui, partis du pays, seraient tentés d'y revenir avant d'avoir dépassé la limite d'âge, doivent se soumettre à un usage non moins infâme que tout ce que nous avons déjà signalé. S'ils demandent de l'occupation pour un autre chantier que celui où ils étaient précédemment, il faut aller demander une autorisation de changement à leur ancien directeur ou contremaître. C'est le billet de confession, c'est le passe-port à l'intérieur des usines du Creusot.

Dans ces conditions, pour peu que l'on n'ait jamais porté de gibier au contremaître (1) ou qu'on lui ait dit une fois seulement ses vérités, le billet est refusé.

Dans sa paternelle sollicitude pour les travailleurs, l'administration du Creusot a trouvé un moyen très ingénieux d'augmenter le salaire de ceux qui ne gagnent pas de quoi vivre.

Les hauts-fourneaux étant éloignés des fours à puddler, où se conduit une partie de la fonte, on en faisait opérer le chargement, autrefois, par des hommes spécialement affectés à cette besogne ; mais on a supprimé cela, et maintenant le chargement se fait par des ouvriers des différents services, auxquels on accorde le privilège de venir faire trois à quatre heures supplémentaires en dehors de leur atelier

---

(1) La première fois que je quittai les usines du Creusot, il était dit dans le règlement général que tout élève partant avant le tirage au sort était à jamais banni des ateliers, j'avais alors dix-huit ans. j'étais donc banni et doublement banni, puisque j'avais eu maille à partir avec le chef des travaux d'alors. Je revins six ans après, je demandai du travail sur un autre chantier et on me demanda le traditionnel billet de changement, que je ne pouvais demander à personne : « Sans cela, disait pourtant le contremaître, il n'y a rien à faire, d'autant plus que vous êtes *parti avant l'âge.* » Deux jours après, mon beau-père insista pour que je retourne encore une fois demander du travail et j'y fus. Le contremaître me répondit : « Venez demain. »

J'appris, quinze jours après, que mon beau-père lui avait fait cadeau d'un lièvre et d'une perdrix.

ordinaire. C'est un travail très pénible, et la plupart de ceux qui le font gagnent beaucoup moins là qu'en faisant leur métier, mais l'ignorance et la misère les poussent à augmenter, par n'importe quel moyen, leur maigre budget, sans réfléchir qu'en prenant ainsi la place de leurs camarades sans travail, ils font les affaires des capitalistes et non les leurs.

IV

LE TRAVAIL DES FEMMES

Les femmes sont exploitées comme les hommes, mais avec un certain raffinement de cruauté, car elles font des travaux aussi pénibles que ces derniers, pour un salaire bien inférieur, et, les préjugés aidant, il suffit qu'une fille travaille à l'usine pour qu'elle soit déconsidérée.

Sur quatre cents femmes environ occupées sur les chantiers, un dixième à peine font un travail qui n'excède pas leurs forces; ce sont des veuves d'ouvriers de l'usine, de quarante-cinq à cinquante ans; celles-là seulement font un travail de femmes : le balayage des parquets dans les locaux où sont enfermées les machines fixes, notamment les lavoirs ou broyeurs à charbon. Les autres chantiers ne sont composées que de jeunes veuves ou jeunes filles, que l'insuffisance du travail de leur père force à venir dans ces bagnes. C'est le service des hauts-fourneaux qui en occupe le plus grand nombre. Elles sont employées à rouler le minerai de fer dans des brouettes en tôle excessivement lourdes; il y a une équipe de jour et une équipe de nuit en toutes saisons. Ce travail est tellement pénible qu'on a vu des hommes ne pouvoir le continuer, et les esclaves blanches gagnent une journée de 1 fr. 75 à 2 fr.! Détail à noter, les surveillants de nuit comme de jour sont généralement d'anciens sous-officiers ; aussi la chronique scandaleuse chôme rarement, ces malheureuses se dénigrant mutuellement, si le salaire de l'une dépasse de quelques centimes celui de ses camarades.

Les laveuses de charbon gagnent 35 centimes par wagon de charbon lavé ; elles en lavent, en douze heures, quatre ou cinq wagons quand cela va bien, soit 1 fr. 40 ou 1 fr. 75 au maximum en été ; mais l'hiver, la glace gênant le fonctionnement du lavoir, il est très rare qu'elles puissent arriver à quatre wagons ; leur journée moyenne est alors de 1 fr. 25.

Dans les moments de fortes gelées, le lavage est un véritable supplice ; ces malheureuses doivent amener elles-mêmes les wagons devant le lavoir, le véhicule, étant en état constant d'humidité, adhère aux rails par suite de la gelée, et les ouvrières doivent passer des heures entières, armées de pinces de fer, pour faire avancer un wagon de quelques mètres.

En dehors des usines, se trouve un grand dépôt de charbon, au chargement et déchargement duquel on emploie généralement des jeunes filles ; elles sont payées 15 centimes l'heure, mais l'heure n'est payée qu'autant qu'elle est employée en travail effectif. Lorsque, par exemple, après quatre heures de travail, il n'y a plus de wagons à charger, il y a interruption dans le paiement de la journée jusqu'à l'arrivée de nouveaux wagons vides, et si les wagons attendus n'arrivent pas, les ouvrières s'en retournent à la maison avec une journée de 60 ou 75 centimes pour onze ou douze heures de présence.

On emploie aussi quelques vieilles femmes aux fours des grosses forges et aux fours à coke, à chercher dans les cendres les morceaux assez gros, dits escarbilles, qui peuvent servir une fois encore à la combustion. Ce triage s'opérant alors que les cendres sont encore chaudes, il s'en dégage des gaz très nuisibles à la santé; ces femmes sont, de plus, obligées de s'envelopper les mains de chiffons pour éviter les déchirures que leur font aux doigts les aspérités du coke.

V

CAISSE DE SECOURS

La caisse de secours aux malades et blessés est encore une de ces œuvres philanthropiques dont on fait honneur aux patrons, à grand renfort de grosse caisse et qui, en définitive, sont payées par les ouvriers.

Celle du Creusot était alimentée autrefois par une retenue de 2 1/2 0/0 sur les salaires; mais, depuis 1872, cette retenue a cessé, le fonds de secours n'est plus alimenté que par l'intérêt de l'ancien capital et les amendes, ce qui explique un peu pourquoi les contre-maîtres en sont si prodigues.

L'administration alloue, le cas échéant, une subvention dont les salaires sont diminués d'autant, bien entendu.

Cet ancien capital a été placé à une Compagnie d'assurances, mais nul ouvrier ne sait à combien il s'élevait lors du placement; les uns disent 500,000, d'autres 600,000, d'aucuns vont jusqu'à 700,000 fr.; mais personne n'est certain, l'administration ne voulant certainement pas s'abaisser jusqu'à donner des renseignements à d'aussi petites gens.

Comme on le pense bien, il arrive de nombreux accidents dans une aussi vaste usine, et lorsqu'il y a mort d'homme, on donne à la veuve 20 francs par mois et 5 francs à chacun des enfants ne travaillant pas (1), ce qui est une assez maigre pitance. Mais malheur à celui qui n'a pas la chance d'être tué. S'il lui manque un œil, un bras ou une jambe qui l'empêchent de pouvoir continuer son métier, on le mettra marqueur ou magasinier à 60 fr. par mois, en lui faisant remarquer que cela vaut encore mieux que les 30 ou 35 fr. de pension mensuelle. Beaucoup acceptent, car autrement il faut plaider, et dans ce cas, l'administration n'est pas embarrassée pour prouver que vous n'êtes qu'un maladroit, que sa responsabilité n'est nullement engagée dans votre accident, et le tribunal d'Autun d'applaudir et de vous débouter de votre demande.

Ce qui empêche surtout les blessés de s'adresser aux tribunaux, c'est, comme nous l'avons dit en tête de cette étude, la crainte de voir tous leurs parents renvoyés de l'usine ; ils en acceptent donc un petit emploi, heureux encore quand on ne les met pas à la porte après, en leur disant qu'ils sont impotents. Si, alors, ils veulent plaider, il y a prescription. Mais ils acceptent ce nouveau déboire sans regimber, sans quoi ils ne seraient pas inscrits au bureau de bienfaisance, alimenté par les centimes additionnels des

---

(1) Il n'en a pas toujours été ainsi. Celui qui écrit ces lignes, fils posthume d'un mineur mort accidentellement, obtint de M. Schneider, surnommé, dit-on, le père des ouvriers, une pension de *deux sous* par jour, de sa naissance à l'âge de 12 ans, et ma mère avait 10 fr. par mois.

contribuables, obligés ainsi de nourrir les invalides du travail sur leur salaire déjà insuffisant.

Il y a une douzaine d'années, l'administration des usines s'est décidée à un acte de philanthropie dont les satisfaits du jour ont fait grand bruit en en attribuant tout le mérite à M. Schneider. Il s'agit d'un versement à la caisse des retraites pour la vieillesse, que fait l'administration en faveur de ses ouvriers dans les conditions suivantes :

Ce versement est de 2 0/0 du salaire pour les célibataires et 5 0/0 pour les mariés, dont 3 au nom du mari et 2 au nom de la femme. Cette aubaine, dont on ne peut bénéficier qu'après avoir été exploité pendant trois ans, cesse immédiatement en cas de départ volontaire ou involontaire, et le titulaire d'un livret de la caisse des retraites ne peut toucher les sommes versées en son nom qu'à l'âge de 50 ans révlous. En comptant la moyenne de l'âge où peuvent commencer les versements à 25 ans, et le salaire moyen à 100 francs par mois, on arriverait à une pension maximum de 90 à 100 francs par an après 25 à 30 ans de travail; et c'est avec des panacées semblables qu'on veut détourner les ouvriers de l'étude des questions sociales?

L'institution de ces retraites, qui a eu lieu en 1877, correspond précisément à l'énorme baisse des salaires des années suivantes, tout porte donc à croire que c'est pour les frais de commission de ce versement de 5 0/0 que les salaires ont été diminués de 20 0/0, et ce qui peut nous confirmer dans cette hypothèse, c'est que les actions du Creusot, qui étaient à 1,100 fr. en 1877, étaient montées à 1,700 fr. en 1881, et ont suivi depuis la même marche ascensionnelle, tandis que les salaires tendent de plus en plus à diminuer.

De plus, ce versement a si peu entravé l'accroissement de la fortune particulière du gérant des usines du Creusot, que pendant l'hiver 1879-80, Mme Schneider parut à une soirée parisienne coiffée d'un diadème en diamants d'une valeur d'un million; le reste de la toilette était évalué à 500,000 fr., soit un million et demi en colifichets, alors que pour produire cette plus-value ainsi gaspillée, des hommes ont été asphyxiés à 500 pieds sous terre, d'autres ont été brûlés vifs, des bras, des jambes, des corps entiers ont été broyés dans les engrenages ou sous les locomotives. Pourtant cela a été inséré dans les journaux de mode de la capitale, voire même dans les journaux républicains, et naturellement sans commentaires.

VI

RAMIFICATION ET ETENDUE DU MAL

Tout s'enchaîne ici et les vassaux suivent à la lettre les principes du suzerain.

Nous disions plus haut que les ouvriers se compromettent en achetant leurs marchandises chez les rares commerçants qui ne sont pas inféodés à l'usine; c'est sans doute pour les garanti: de ce péché, que la plupart de messieurs les contremaîtres ou marqueurs sont épiciers ou marchands de rouenneries, et chacun sait que ceux de leurs ouvriers qui se servent chez eux ne sont pas les plus mal vus.

Bien des gens nous diront que certes tout cela est regrettable, mais que le Creusot n'est pas la France, nous répondrons avec la certitude de ne pas nous tromper que tous les centres industriels ou miniers de province sont à peu près dans la même situation.

Nous en avons la preuve à proximité du Creusot, à Blanzy, Montceau, Epinac, et il résulte d'informations que nous avons prises sur place, qu'il en est à peu près ainsi dans plusieurs localités du bassin de la Loire, Rive-de-Gier, Firminy, Terre-Noire, etc. Les compagnies de chemins de fer elles-mêmes commettent une partie des méfaits que nous venons de signaler. Partout un joug de fer s'abat sur l'ouvrier, et le danger est d'autant plus grand que l'action dominatrice de ces grandes compagnies augmente en raison des scandaleux bénéfices réalisés sur leurs malheureux exploités, qu'il s'agisse d'industrie ou de commerce, elles font disparaître les petits concurrents coûte que coûte, et quand les pays limitrophes ne suffisent plus à leur accaparement, elles vont comme les conquérants chercher des esclaves au loin.

C'est ainsi que MM. Schneider et Cⁱᵉ ont acheté, comme il est dit plus haut, les mines de Montchanin et Longpendu, qui étaient précédemment la propriété d'une compagnie anonyme.

Ces mines, situées à cinq kilomètres du Creusot, étaient un refuge pour les ouvriers renvoyés, ils trouvaient souvent là du travail, évitant ainsi un grand déplacement toujours très onéreux, mais aujourd'hui que le Moloch du Creusot a abattu sa griffe sanglante un peu partout, il faut aller au loin mendier à nouveau un salaire dérisoire et laisser derrière soi la femme et les enfants qu'on ne fait venir plus tard qu'en faisant des dettes, et plus les acquisitions des grandes compagnies augmentent, plus la situation des travailleurs est difficile.

Ainsi, la Compagnie du Creusot a successivement acheté les établissements suivants en plus des mines déjà citées de Mazenay-Montchanin et Longpendu :

Mines de la Machine (Nièvre);
— Montaud (Loire);
— Laissez (Doubs);
— Allevard (Isère);
— Saint-Georges (Savoie);
— Saint-Florent (Cher;
— Brassac (Puy-de-Dôme);

Et enfin quote-part aux mines de Baubrun dans la Loire, une verrerie de bouteilles dans la Nièvre et une fabrique de produits réfractaires à Perreuil (Saône-et-Loire).

Ajoutons que M. Schneider a également installé pour son propre compte un atelier de grosses forges dans le département des Ardennes.

Il est à noter qu'aucun ouvrier sortant de ces différents pays, par suite de difficultés avec les chefs, n'est réoccupé dans les possessions de la dite Compagnie, heureux encore quand il n'y a pas connivence avec les autres compagnies pour se signaler mutuellement les ouvriers dits *dangereux*.

Si les choses continuaient leur cours, il en résulterait que dans vingt ans la masse des travailleurs français se trouveraient sous la dépendance absolue d'une vingtaine de compagnies.

Ajoutons que ce ne sont pas seulement les usines et les mines qui sont ainsi accaparées par ces grandes compagnies, mais aussi les maisons particulières et tous les terrains quels qu'ils soient.

Au Creusot, la Compagnie achète les immeubles des particuliers toutes les fois que l'occasion s'en présente et tient ainsi sous sa dépendance la plupart des commerçants au même titre que les ouvriers; tous les terrains non bâtis, tant à l'extérieur qu'à l'intérieur, sont sa propriété, notamment les bois où l'on a

vu des gardes de l'usine interdire aux enfants d'aller
cueillir des fraises et, sans autre juridiction que la
leur, infliger une amende à des femmes d'ouvriers
pour avoir étendu leur linge sur des buissons appar-
tenant à l'usine, laquelle amende est retenue sur la
journée du mari.

Lorsque l'administration vend un terrain à bâtir,
soit à un ouvrier, soit à un commerçant, on lui
demande des renseignements sur son projet de construction, qui est toujours trouvé trop médiocre ; on
offre de lui prêter quelques milliers de francs, pour
faire plus grand, de façon à le tenir en laisse plus
tard, quitte à reprendre la maison s'il ne parvient
pas à pouvoir payer ; mais le plus important c'est
qu'on lui désigne le maçon, le charpentier et le ser-
rurier auxquels il devra s'adresser pour faire cons-
truire, et, naturellement, il s'agit de gens *comme il
faut*.

Il va sans dire qu'en même temps on prévient ces
gens *comme il faut* que M. X. ou M. Y. va faire bâtir,
de façon qu'ils puissent se présenter les premiers.

Ajoutons à cela, pour prouver les beautés de la
propriété individuelle, que les ouvriers n'osent pas
loger chez les propriétaires qui ne sont pas les
amis de M. Schneider.

Dans la ville, le champ de foire, la place du marché, et différentes promenades appartiennent à la
Compagnie ou à M. Schneider, ainsi qu'une partie
des bâtiments d'école ; aussi nos lecteurs qui ne sont
pas du Creusot apprendront sans doute avec stupé-
faction que cette ville de 26,000 habitants n'a pas de
mairie et pas d'école. La famille Schneider ayant
depuis cinquante ans la municipalité en mains, soit
par elle, soit par ses créatures, a maintenu intention-

nellement les choses en l'état, de façon à embarrasser une municipalité indépendante si jamais les électeurs du Creusot étaient assez courageux pour en nommer une.

Cinq bâtiments scolaires appartiennent à l'usine et les autres, au nombre de douze environ, sont des maisons particulières dont la commune paye la location à des propriétaires bien pensants, généralement des employés de MM. Schneider et Cⁱᵉ.

Dans ces conditions, une municipalité indépendante étant élue, la compagnie du Creusot pourrait, en vertu du droit de propriété, fermer une partie des écoles et interdire aux habitants de se servir du champ de foire, des promenades et de la place du marché.

CONCLUSIONS

Qui donc oserait nier en face de faits semblables qu'une féodalité financière et industrielle s'est reconstituée, au lieu et place de la féodalité nobiliaire qu'elle dépasse en spoliations de toutes sortes dans le bagne légal de l'usine où la situation du salarié est à peu de chose près celle du serf du moyen âge. Nous sommes ici en face du grand problème social, nous sommes ici en face d'un spécimen monstrueux de centralisation capitaliste. Dans la France qui a fait sept révolutions dans un siècle, dans la France qui écrit sur les monuments publics : Liberté, Egalité, Fraternité, dans la France qui n'a plus d'empereurs ni de rois, il nous est donné de voir des fiefs industriels où des populations, variant de 5,000 à 30,000 habitants, sont courbées sous le joug d'un possesseur d'usines ou de mines ayant, comme les monarques, sa cour de valets et de courtisans l'aidant à pressurer et à voler les travailleurs, et cela grâce à l'inertie, à l'indifférence, à la lâcheté de la classe exploitée.

Certes on peut apporter quelques améliorations de détail à cette situation, par la construction d'habitations municipales, certes l'élection d'une municipalité ouvrière serait un grand coup porté à l'omnipotence de Schneider et Cⁱᵉ, mais cette omnipotence, pour être diminuée, ne s'en ferait pas moins sentir, car malgré la municipalité, malgré n'importe quel gouvernement, tant radical soit-il, les grandes compagnies auront toujours droit de vie et de mort sur leurs salariés, tant que subsistera le principe de la propriété individuelle.

L'antagonisme entre le capital et le travail ira s'accentuant à mesure que les travailleurs comprendront mieux leurs droits, nous en avons une preuve dans la multiplicité des grèves, et cet antagonisme se traduira par des crises si souvent répétées, qu'il s'augmentera fatalement, du côté des ouvriers, de la haine que la misère met au cœur ; et du côté des capitalistes, du vertige, de la résistance. Et alors, dans les deux camps, la mesure pleine débordera, et le jour de la grande bataille se lèvera.

Des éclairs avant-coureurs de la tempête sillonnent déjà les nuages. Vous êtes sur un volcan, messieurs de la bourgeoisie, et vous continuez aveuglément vos persécutions ! C'est à croire que vous avez hâte d'en venir aux mains, et pourtant vous avez peu de chances de gagner la partie, car, ne vous le dissimulez pas, vos plus dociles esclaves, les moutons

que vous tondez le plus facilement aujourd'hui,
peuvent être les lions de la Révolution de demain ;
Révolution de laquelle sortira l'abolition du salariat,
par la socialisation des instruments de travail mis
au service de tous.

Voilà l'avenir.

J.-B. Dumay.

Dijon, Imp. Carré